AF247684

NOTICE

SUR

CHARLES SAPEY

NOTICE

SUR

CHARLES SAPEY

DOCTEUR EN DROIT

AVOCAT GÉNÉRAL A LA COUR IMPÉRIALE DE PARIS

PAR

EDMOND ROUSSE

Avocat à la Cour impériale.

PARIS

DE L'IMPRIMERIE DE J. CLAYE

7, RUE SAINT-BENOIT

1866

NOTICE

SUR

CHARLES SAPEY[1]

Il y a près de trois ans que Charles Sapey n'est plus. Lorsqu'il mourut, à peine au déclin de la jeunesse, la magistrature et le barreau de Paris, au milieu desquels s'était écoulée sa vie, ressentirent comme il le fallait l'amertume d'une telle perte. Une pitié respectueuse et tendre se mêlait à notre commune douleur. Ce n'était ni un deuil ordinaire, ni ce tribut de bienséances accoutumées que l'homme doit et paye volontiers à la mort.

Je reviens seul, aujourd'hui, vers ce doux compagnon de mes jeunes années, pour demander aux jours d'autrefois des souvenirs que le temps n'a pas effa-

1. Charles-Alexandre Sapey, né à Paris, le 28 novembre 1817; mort le 27 juillet 1863.

cés. A travers ce demi-lointain qui déjà l'environne, je voudrais envisager une dernière fois cette figure délicate, et tâcher d'en fixer l'empreinte sans trop altérer sa pureté.

Il y a bien longtemps que le nom de Sapey m'a frappé pour la première fois. Lorsque j'étais encore enfant, je l'entendais mêlé chaque année aux pompes classiques de notre vieux collége, et salué par les fanfares de la Sorbonne parmi les noms de ses lauréats les plus glorieux. C'était peu de temps après 1830 ; Charles Sapey suivait alors les classes du collége de Saint-Louis. Son application au travail, ses succès constants, la douce gravité de son caractère et de ses traits inspiraient autour de lui un sentiment qui déjà ressemblait à de la déférence, et son excessive réserve, en l'isolant un peu, lui donnait, en cette extrême jeunesse, un air de mélancolique maturité.

Des maîtres distingués prenaient plaisir à cultiver cette intelligence attentive et cette âme charmante. Mais le premier de tous fut son père ; et c'est à lui qu'appartient, avant tous les autres, l'honneur des succès de sa jeunesse et des vertus de toute sa vie.

Sapey avait dix-huit ans à peine lorsqu'il perdit ce maître adoré, et il apprit à connaître la mort par le coup le plus terrible qu'elle lui dût jamais porter. Dès qu'au milieu de ses larmes il put se reconnaître et penser, il résolut d'élever à cette chère mémoire un monument digne d'elle. « Le souvenir de mon père « bien-aimé, dit-il, ne s'effacera jamais de mon cœur; « mais je veux qu'il vive encore après moi... » Un exemple classique enhardissait ce jeune esprit tout pénétré du respect de l'antiquité. Il ouvrit son Tacite, et tout en relisant la vie d'Agricola, il écrivit la biographie de son père [1].

Rien n'égale les élans de reconnaissance et de tendresse qui éclatent à chaque page de cette petite épopée domestique. Avec une incomparable piété, dans ce style un peu larmoyant et vieilli de la fin du dernier siècle, dont il n'a jamais pu se débarrasser tout à fait, il peint son père, en revenant sans cesse sur ce trait : « comme le plus vertueux, *le plus sen-* « *sible* de tous les hommes. Il avait, dit-il, de l'es- « prit, de la finesse, une intelligence remarquable, « des connaissances variées et profondes; mais il « avait surtout de l'âme, il faisait tout avec son « âme... »

Comme la plupart de ses contemporains, M. Sapey avait vu sa jeunesse traversée, déroutée à chaque pas par les secousses de la Révolution. Tour à tour élève de l'École polytechnique naissante à peine, défenseur officieux devant le jury, commis d'inten- dance à la suite des armées républicaines, litté-

1. *Mon père,* 1838, avec cette épigraphe : « Posteris suis narratus et traditus superstes erit. » (TACITE. *Vie d'Agricola.*)

rateur par goût, auteur dramatique par occasion, M. Sapey avait fini par enfouir dans un bureau et heurter contre une disgrâce des facultés supérieures, un esprit de premier ordre, et cette grande âme *sensible et vertueuse*, dont l'indépendance se pliait mal aux petites misères des tyrannies subalternes. En 1825, il quitta résolûment des fonctions où il semble qu'il étouffait un peu, et se consacra tout entier à l'éducation de son fils.

Il faut entendre Sapey raconter, les larmes aux yeux, comment la patience et la bonté de son père luttaient contre « cette timidité extrême qui avait « besoin à chaque instant d'être encouragée, rassurée, « consolée ; comment ce maître excellent savait tout « débrouiller, tout éclaircir ; comment il lui inspirait « l'amour du travail, l'émulation, l'ardeur du suc- « cès... » Mais ce qu'il faut surtout recueillir avec soin, comme un monument d'un autre âge, comme une curiosité respectable au milieu de notre société dis- traite et superbe, c'est le récit des soirées de famille qui couronnaient les travaux et les plaisirs innocents de chaque jour : « Après le repas, nous revenions « tous nous presser au coin du feu ; et alors mon « père nous faisait avec sa voix douce, *sensible,* émue, « avec cette voix que nous n'entendrons plus sur « cette terre, une lecture instructive et touchante... « Il nous parlait de ses affaires ; car il ne nous cachait « rien ; et dans tout ce qu'il nous disait, dans ses

« projets qui se rapportaient tous à nous, nous trou-
« vions toujours de nouvelles raisons de l'aimer
« davantage. On ne pouvait pas s'arracher à ces con-
« versations du soir; mais, enfin, il donnait le signal;
« nous nous mettions à genoux, et nous faisions tout
« bas, mais tous ensemble, afin que Dieu fût au
« milieu de nous, la prière du soir. Oh! comme la
« sienne devait être belle! Nous nous étions mis à
« genoux, nous nous levions ensemble. Alors nous
« l'embrassions tous et nous reposions en paix toute
« la nuit, car la bénédiction du père de famille était
« sur nous... »

Cela se passait en 1828, au refrain des chansons
de Béranger, au bruit des pamphlets de Courier, à
la veille d'une révolution. Telle était alors dans son
intimité la plus discrète, prise en flagrant délit de
ses antiques vertus, cette vieille famille bourgeoise,
royaliste et catholique, que l'esprit du xviiie siècle
avait cependant échauffée de son souffle, qui avait
donné des gages aux idées libérales de son temps, et
dont la foi tranquille ne demandait aux puissances
de ce monde ni encouragements ni récompenses.

C'est à cette pieuse école, dans ce cadre sévère,
un peu étroit peut-être, que l'intelligence de Sapey se
fortifia et mûrit. Ses succès de collège avaient fait de
bonne heure à son nom une sorte de popularité
respectueuse. Mais jamais ils ne purent vaincre cette

défiance de soi-même qui, au milieu de nos emphases contemporaines, devait rester le trait singulier et l'honnête défaut de toute sa vie. Il entra dans le monde très-instruit, très-sage, très-pieux, un peu trop discipliné peut-être, trop accoutumé à sentir près de lui le guide infaillible sur lequel il réglait tout son esprit et toute son âme. C'est là l'écueil de ces chères tyrannies de la famille. quand elles rencontrent des intelligences dociles et tendres. Elles les envahissent tout entières; l'habitude et le charme d'obéir y endort doucement la liberté; ensuite. quand vient le temps de penser seul et d'agir. il faut à l'homme un long effort pour effacer la marque et le pli de l'enfance. Sapey ne put échapper tout à fait à ce danger.

Vers 1832. au moment où il terminait ses études. le mouvement littéraire né en France à la fin du xviiie siècle. vainement comprimé sous l'Empire. et salué sous la Restauration comme l'une des formes les plus populaires de la liberté, achevait. après mille combats. sa marche victorieuse. Par surprise ou par violence, le romantisme avait forcé les portes de nos écoles. et à travers les brèches ouvertes de tous côtés. des souffles inconnus agitaient nos jeunes têtes. L'insurrection grandissait chaque jour. Dans nos cahiers de rhétorique. au milieu des vieilles élégances arrachées au *gradus*, on voyait se dresser tout à coup de formidables nouveautés. Des distiques séditieux parodiaient les hexamètres pompeux de la *Henriade*, et des caricatures vengeresses outrageaient, au frontispice de l'*Art poétique*, la figure sereine de Boileau.

Rien n'est risible, quand on les relit à cette distance, comme les compositions que forgeait en ce temps-là notre adolescence naïve. C'était un mélange d'imitations puériles et d'inventions démesurées; des enluminures monstrueuses flamboyant au reflet des *Orientales*; d'extravagantes rêveries poussées à la dérive par la brise perfide du *Lac*, ou les orages de *Manfred* débordant en enjambements désespérés dans des stances fatales. La maladie de René nous tenait presque tous. Mais dans ce pêle-mêle bizarre on sentait courir je ne sais quel souffle de vie, une puberté maladroite et vigoureuse qui éclatait en généreux efforts, et dont la jeunesse d'aujourd'hui, pour ne la point connaître, aurait mauvaise grâce peut-être à trop médire.

Le sage Sapey se tenait à l'écart de ces audaces. Sa nature, son éducation, ses premiers succès, tout le poussait vers la littérature, au moins vers cette littérature de jeunesse et de passage qui, sans engager la vie tout entière, est à vingt ans la distraction ou la passion de toute âme bien née. Mais en cédant au besoin d'écrire qui nous tourmentait presque tous, il demeura fidèle à la religion dans laquelle il avait grandi. Son père, — qui récitait *Zaïre* avec transport,

et qui avait commencé une tragédie tirée des *Incas*[1],
— avait vu l'invasion romantique avec effroi. C'était
assez pour que son disciple docile s'interdît tout com-
merce avec les barbares. La piété filiale, le point
d'honneur de l'école, une sorte de terreur religieuse,
s'accordaient sur ce point avec la délicatesse craintive
de son goût ; et si parfois il prêtait l'oreille à quelque
dangereux enchanteur, l'ombre paternelle se dressait
devant lui pour mettre en fuite ces chimères.

J'ai sous les yeux la plupart de ses premiers essais, ces *Juvenilia* que l'on ne doit jamais dédaigner,
car, après tout, c'est là que nous mettons souvent le
meilleur de nous-mêmes. Dans ces ébauches juvéniles
de Sapey, il faut regarder de bien près pour découvrir
la marque et la date de son temps. Nulle part on n'y
sent cette intime souffrance, ce malaise de la pensée
et du langage, cette veine inégale, turbulente et trou-
blée qui, dans ses grandeurs comme dans ses faibles-
ses, trahit de si loin toute la littérature de cette époque. Dans ses jours de hardiesse, il se hasarde bien
quelquefois jusqu'à Ossian et jusqu'à Shakespeare, —
en se faisant présenter par Ducis et par Baour-Lor-

---

1. « Je l'ai vu, il y a trois ans, faire fondre en larmes son auditoire,
à la lecture de *Zaïre*. » (*Mon père,* par CH. SAPEY.)

— La tragédie commençait ainsi :

> C'est à vous, Alonzo, que je dois la victoire ;
> Vous vous êtes acquis une immortelle gloire ;
> Huascar est vaincu, etc., etc., etc.   (*Ibidem.*)

mian; — on rencontre bien dans ses écrits des *Olga,* des *Elfride* et des *Ethelwood* qui ont dû coûter quelques inquiétudes à sa conscience. Mais presque partout ce sont de petites compositions classiques où revit l'inspiration courte et correcte des écrivains secondaires du dernier siècle. Des fables, des épîtres, des nouvelles, des pièces dont le titre dit tout : *La rose et le rosier, Estelle ou la Bergère reconnaissante,* des adieux poétiques à *la Maisonnette des Champs,* qui rappellent de loin la *Chartreuse* de Gresset; enfin toute une œuvre élégante, légère et facile, qui aurait bien tenu sa place à la petite cour de Sceaux, dans la bibliothèque du duc de Penthièvre, entre les pastorales de Florian et les *Saisons* du chevalier de Saint-Lambert.

En se défendant ainsi contre la révolution littéraire qui l'envahissait de toutes parts, Sapey subissait pourtant le joug d'un formidable novateur. Dès son enfance, il avait voué au génie de J.-J. Rousseau un culte qui ne s'est jamais démenti. Là encore, c'est de son père que lui venait l'inspiration et l'exemple :

« J.-J. Rousseau, nous dit-il, était l'auteur de
« prédilection de mon père. Il ne lisait jamais sans
« attendrissement les belles pages d'*Émile* ou de *Julie.*
« La profession de foi du *Vicaire savoyard* était pour
« lui le chef-d'œuvre de l'éloquence... Il pleurait en
« lisant ces lignes qu'écrivit l'âme de Jean-Jacques;
« et quand il me voyait, avec une nature moins
« heureuse, mais qui sent cependant. et surtout qui

« veut sentir, rester froid à de certains passages, il
« répétait ce vers qu'il eût été digne de faire :

« Malheureux! tu n'as donc jamais versé de larmes!... »

Quoi qu'il en soit, cette grande âme insurgée de
Rousseau l'avait subjugué tout entier ; elle l'emportait
dans son vol ; elle échauffait de ses ardeurs sa fine et
frêle nature qui « *voulait sentir,* » et qui avait la curiosité, sinon le tempérament des passions. Il se livrait
sans crainte à ce penseur solitaire qui, dans les tâton-
nements de sa logique aveuglée, semble chercher la
lumière avec une si âpre sincérité ; qui ébranle le
vieux monde d'une main respectueuse, sans raillerie,
sans insulte, avec des soupirs et des larmes, comme
si la vérité, quand il la croyait entrevoir, lui coûtait,
ainsi qu'à la sibylle antique, de mystérieux déchire-
ments. Mais dans les écrits de Rousseau, ce qui
entraînait surtout l'esprit si cultivé de Sapey, c'était
la forme incomparable dans laquelle s'écoule en
s'apaisant cette pensée tumultueuse et puissante ;
c'était cette langue correcte, magnifique et limpide,
pareille à un fleuve où les torrents tombent en gron-
dant, sans jamais troubler sa pureté.

Dans les essais de sa jeunesse, dans les œuvres de
sa maturité, partout on trouve la trace, l'imitation,
j'ai presque dit l'obsession de Jean-Jacques. Quelquefois cet esprit scrupuleux semble inquiet de son
admiration, et alors il s'efforce de la justifier par des

subtilités ingénieuses. Il écarte les dissentiments profonds qui devaient le séparer de Rousseau, et il ne veut voir que les endroits où ils se peuvent entendre. Catholique fervent, il sait gré du moins au Vicaire savoyard de croire en Dieu. Partisan de la monarchie, il rend grâce au rêveur du *Contrat social* de juger la France trop corrompue pour la république. Homme de famille, il va jusqu'à ressusciter dans un petit roman bizarre le fils de Thérèse Levasseur, et dans un coin de la forêt d'Ermenonville, il le pousse entre les bras de ce père suspect qui l'a si durement abandonné [1].

Même dans l'intimité de sa vie si pure, l'idée fixe de Jean-Jacques le poursuit. Si l'un des siens tombe malade, ce qui le frappe d'abord, en cette austère douleur, c'est un ressouvenir presque lascif des confessions : « Il eut des maux de tête d'une terrible « violence, des tintements, des bourdonnements dans « les oreilles, quelque chose enfin d'analogue à ce « que Jean-Jacques Rousseau a éprouvé chez Mme de « Warens... »

C'est encore ce génie familier et tyrannique qui semble lui prêter quelques traits de caractère, et si je l'osais dire, quelques manies minutieuses à travers tant de talent. En parcourant d'une main

1. Fragment trouvé sous les ruines d'une cabane, dans la forêt d'Ermenonville. (CH. SAPEY, *Manuscrits.*)

— J.-J. Rousseau était-il l'ennemi de la religion catholique? (*Ibidem.*)

respectueuse ces notes, ces manuscrits si nets, si
bien classés, reliés avec tant de soin, que mon pauvre
camarade a laissés, je ne peux m'empêcher, à mon
tour, de songer à cette belle écriture dont Rousseau
était si fier, et à cette copie de la *Nouvelle Héloïse :*
« qu'il mit au net avec un plaisir inexprimable, em-
« ployant pour cela le plus beau papier doré, de la
« poudre d'azur et d'argent pour sécher l'écriture, et
« de la non-pareille bleue pour coudre les cahiers[1]. »

Enfin, pour que rien ne manque à l'unité de ce
culte fidèle, l'un des derniers écrits de Sapey contient
le récit d'un pèlerinage aux Charmettes, et des vers :

« Au précepteur d'Émile, à l'amant de Julie... »

que l'on peut lire, tracés par cette chaste main, à
deux pas de l'alcôve de Mme de Warens[2].

Lorsque vint pour Charles Sapey le moment de
choisir une carrière, aucune vocation impérieuse
n'enchaînait son avenir. Sa rare intelligence, sa forte
éducation lui auraient assuré presque partout le succès. Il lui fallait cependant un état qui ne gênât pas
de trop près son indépendance, la dignité un peu
sauvage de son caractère, et ce goût très-vif des
lettres qui avait fait le charme et l'honneur de ses

1. *Confessions* de J.-J. Rousseau (IIe partie, liv. ix).
2. *Une Visite aux Charmettes,* par M. Ch. S***, 1858.

premières années. Les conseils de son père et des convenances de famille l'attiraient vers la magistrature ou vers le barreau. Il obéit, par déférence et par préférence à la fois, pressentant que de ce côté il trouverait encore un horizon assez ouvert, avec des échappées faciles vers les études et les rêveries familières de sa jeunesse.

Il fit son droit comme il avait fait ses classes, avec une supériorité constante et des succès éclatants. A la fin de ces études nouvelles, le hasard d'un concours lui donna un sujet de dissertation magnifique, *le droit des étrangers en France*. Le jeune docteur n'était pas homme à traiter légèrement cette bonne fortune. Après l'épreuve officielle, dont il sortit vainqueur[1], il reprit son travail, le remit sur le métier, le finit à loisir; deux ans après, l'humble thèse était devenue un ouvrage excellent et complet, qui attestait dans le talent de l'écrivain un progrès désormais plus sensible chaque jour[2].

Tout en suivant les cours de l'école, Sapey commença selon l'usage à fréquenter le Palais, pour s'acclimater à ce pays où il devait passer sa vie. Sa bonne renommée l'y avait précédé. Les stagiaires lui ouvrirent avec empressement les rangs de leurs conférences, et les magistrats lui confièrent avec sécurité

1. Médaille d'or au concours de 1842.
2. *Les Étrangers en France, sous l'ancienne et la nouvelle législation.* Paris, Joubert, 1843.

des défenses d'office épineuses. Il lui fallut tenter alors cette épreuve redoutable de la parole, pour laquelle de fortes études et une vocation littéraire décidée ne sont quelquefois ni une préparation nécessaire, ni une garantie infaillible.

Personne ne devait ressentir plus vivement cette inconcevable émotion que donne la vue du public, cette terrible maladie de la peur qui, aux débuts, n'épargne pas même les plus braves, qui plus tard, au moment où ils y songent le moins, les reprend quelquefois par de perfides accès, et que dans de certaines natures, ni l'âge, ni l'habitude, ni le succès, ne peuvent jamais bien guérir. Mais le sentiment du devoir, la volonté de bien faire et l'ambition de bien dire furent les plus forts; la première épouvante passée, il ne resta que la grâce, la finesse, la pureté d'un langage prémédité jusqu'à la recherche, une dextérité singulière pour mêler, sans que l'on pût apercevoir la jointure, les familiarités de l'improvisation aux élégances de la plume; en un mot cet art délicat qui, pour être moins rare alors au Palais qu'il ne l'est aujourd'hui, ne laissait pas cependant d'être déjà parmi nous une singularité assez curieuse.

En 1842, Sapey reçut de l'estime de ses confrères une distinction enviée. Il fut appelé à prononcer le discours d'usage, à l'ouverture des conférences. Pour qui connaissait l'orateur, il était assez facile de prévoir le texte du discours : « l'alliance des lettres et du barreau... » Il y avait là de quoi séduire cet esprit ingénieux, plus élégant que hardi, qui n'avait pas alors pour les lieux communs une aversion invincible, et qui, tout plein des souvenirs récents du collége, était sujet à des retours assez marqués de rhétorique. Il écrivit son discours avec esprit, avec grâce; il le lut avec une émotion habile, avec cet accent pénétrant et doux qui était l'accent juste et comme la voix de son talent. Son succès fut complet.

Quant au fond même du discours, quant à cette alliance si vantée des lettres et du barreau, je ferais volontiers bien des réserves. Pour prouver cette fraternité douteuse, il y a depuis longtemps des procédés convenus, et comme des recettes oratoires qui sont restées classiques parmi nous. Siècle par siècle, on recherche les avocats ou les magistrats qui ont trouvé dans des travaux littéraires la distraction de leurs austères devoirs. Rien n'échappe, pas même un sonnet. On rappelle avec orgueil la *Plume dorée* de Terrasson, les *Mercuriales* de Daguesseau, le goût si sûr de Patru, Pellisson et ses mémoires à l'Académie, Loysel et son dialogue charmant, Pithou et la *Satyre Ménippée*, les distiques latins de Guillaume Duvair et du grand L'Hospital, les *Recherches historiques* de Pasquier, sans oublier ses petits vers audacieux sur la puce de Mlle Des Roches; — et quand on a groupé avec art ces ombres illustres sous le péristyle du Palais, on fait le tour de ce petit Parnasse judiciaire, en invoquant les muses et en rendant grâces aux dieux. C'est un peu ce que fit Sapey.

Dirai-je qu'à mon sens il y a dans tout cela quelque exagération, une confusion d'idées dont notre vanité s'accommode et que l'usage perpétue?... A quoi bon? Il y a dans certains états comme dans certaines familles des préjugés utiles qu'il ne faut pas décourager trop durement. Comme toutes les institutions qui ont derrière elles un long passé, notre vieux barreau vit sur un fonds de traditions et d'illusions qui sont comme la légende dorée de son antique histoire. Son alliance avec les lettres est une de ses croyances les plus chères. Malgré bien des mécomptes, à travers bien des querelles de famille, il tient à cette parenté séculaire qui le relève et l'ennoblit. Ne regardons pas de trop près à ses titres, et, fût-ce un rêve, respectons aujourd'hui plus que jamais cette innocente chimère. Un jour, je l'espère, lorsque cette vaine critique sera depuis longtemps oubliée, un stagiaire convaincu célébrera encore devant nos jeunes descendants cette alliance éternelle des lettres et du barreau qu'auront vantée ses ancêtres; et ce jour-là, par un hommage légitime, le nom de Charles Sapey prendra sa place entre Patru et Terrasson, à quelque distance de Daguesseau, sur cette liste glorieuse où il a inscrit lui-même les noms de ses devanciers.

L'âge venait cependant. Il fallait entrer plus avant

dans ce monde des affaires dont il ne connaissait guère que les dehors, ou dont les côtés brillants frappaient seuls son imagination. Il fallait pénétrer cette foule d'hommes intelligents et actifs, que l'ambition, le hasard ou le besoin de vivre poussent dans cette route difficile. Au milieu de cette mêlée, il lui fallait un guide sûr. Il sollicita l'honneur de travailler avec M. Paillet, et devint bientôt l'un de ses secrétaires les plus utiles. La maison de ce grand avocat était une demeure hospitalière, ouverte de tous côtés au mouvement et aux bruits aimables de la vie. Pour Sapey, cette existence expansive devait faire un contraste assez sensible avec l'austère tranquillité du foyer paternel. Mais il trouvait là une famille intelligente et simple, pleine d'esprit et de bonhomie, dont les malices bienveillantes égayaient, sans le blesser, son humeur sérieuse. Il vivait dans un petit cercle de compagnons polis et lettrés, parmi lesquels il rencontrait l'un des émules les plus brillants de ses premiers succès[1]. Il entrait ainsi en très-bonne compagnie, sans froissement, sans secousse, presque à son insu, dans ce monde judiciaire où, livré à lui-même, il aurait eu quelque peine sans doute à trouver son chemin.

De tous les maîtres du barreau, M. Paillet était celui peut-être dont les leçons lui devaient être le

---

1. Alfred Lévesque, avocat distingué, dont les succès universitaires ont fait époque dans la légende du pays latin.

plus profitables. Mieux qu'aucun autre, il pouvait par ses exemples lui enseigner la sobriété oratoire, la discrétion en toute chose, même dans l'élégance, les ménagements que l'avocat doit à la sagacité ou à l'impatience du juge, et comment, à l'occasion, il faut savoir jeter à la mer ses richesses, son bagage, son lest, et parfois jusqu'à ses agrès. « *Amo in juvene unde aliquid amputem,* » a dit Cicéron, qui pourtant n'aimait guère pour son propre compte ces sortes d'amputations. Il y avait quelque chose à couper dans le talent de Sapey; et si l'on veut me permettre cette réminiscence classique qu'il me pardonnerait plus volontiers que personne, — Paillet était un peu la *hache de ses discours.*

Sapey avait alors vingt-huit ans; il était, je n'ose pas dire dans toute la force, mais dans toute la grâce de la jeunesse, et depuis cette époque, les années l'ont à peine changé. Pour tracer son portrait sans effacer les lignes délicates du modèle, il faudrait une main plus légère, et je ne saurais le tenter. Mais dans ces heures solitaires où, loin des agitations vaines de la vie, nous redemandons à la mort l'image de ceux qu'elle nous a pris, qui de nous ne revoit encore ce beau front large et tranquille, ces traits si purs, cette pâleur transparente que le bleu des veines nuançait par endroits sans la colorer, ces yeux tour à tour pensifs ou curieux, souvent cernés par la souffrance, et dont un sourire plein de finesse relevait l'inexprimable douceur? Par instants, ses traits exprimaient une sorte de mélancolique ironie ; par un geste qui lui était familier, il vous prenait amicalement les deux mains, et fixait sur vous son regard limpide qui semblait chercher au loin votre pensée. Alors, si simple que fût l'entretien, on se sentait pénétré de je ne sais quel trouble affectueux et triste ; c'était comme cet embarras étrange que cause parfois, sans que l'on s'en puisse défendre, le regard candide des enfants.

Le barreau convient aujourd'hui moins que jamais à ces natures contemplatives et un peu repliées sur elles-mêmes ; elles y ont peut-être une place, mais ce n'est pas la première. Sapey avait plus de goût pour rêver que pour agir, une sensibilité extrême, mais point de passions vives, un certain dédain des intérêts de l'heure présente et des aventures vulgaires de la vie ; il avait aussi l'amour et le besoin de la perfection, qui ne lui permettaient ni de travailler vite, ni de déplacer promptement son esprit ; enfin, toutes ces qualités délicates qui, au barreau, font attendre longtemps le succès, le font payer cher, et le laissent rarement aller très-loin. Après une courte épreuve, il se tourna du côté de la magistrature, et c'est par un trait de vigueur que le timide jeune homme débuta dans cette carrière nouvelle.

Comme il sollicitait peu et mal, on crut qu'il accepterait tout ; et par une distraction de chancellerie, on le nomma substitut dans une petite ville, à l'extrême frontière de la cour de Paris. Cet exil honorable révolta, non pas sa vanité, mais ce sentiment d'exacte justice et de dignité qui est la force invincible des âmes élevées ; il refusa de partir : « Je ne suis guère « ambitieux, écrivait-il à l'un de ses dignes amis, et je « ne me persuade pas que quelques efforts dont je « sens mieux que personne toute la faiblesse m'aient « acquis le moindre titre ; mais enfin, je n'ai pas fini « mon droit d'hier ; et sans être bien téméraire, sans « porter bien haut mes espérances, je croyais que « quatre ans de palais me vaudraient au moins de ne « pas être traité comme un étudiant qui vient de pas- « ser sa thèse de licence, et envoyé précisément dans « la plus petite, la plus inoccupée, et presque la plus « lointaine de toutes les résidences du ressort. Bar- « sur-Seine mérite toutes ces épithètes [1]. »

Il semble qu'il ne devrait y avoir aucun courage à décliner respectueusement une faveur inopportune. Dans notre pays, cependant, il faut, pour s'y hasarder, quelque chose de plus qu'une fermeté ordinaire. Aux yeux de bien des gens, le refus de Sapey passa pour une hardiesse périlleuse, et le gouvernement, en lui faisant attendre trop longtemps une nomination nou- velle, sembla vouloir venger Bar-sur-Seine des épi- thètes et des dédains de ce substitut réfractaire. Enfin, au bout de deux ans, il fut nommé juge suppléant à

1. Lettre à M. Marie, aujourd'hui conseiller à la cour de Paris, 3 no- vembre 1844.

Versailles, et bientôt le ministre de la justice, M. Hébert, qui avait ses raisons pour ne pas trop tenir rigueur aux caractères tranchés et aux consciences résolues, l'appelait auprès de lui comme chef de son cabinet.

Personne n'était mieux fait pour ces fonctions difficiles où la patience, le tact, l'art d'écouter avec résignation, d'accorder sans hauteur, de refuser sans dureté, sont des grâces d'état nécessaires, et où la bonté est encore le plus utile peut-être des talents.

On connaît le mot charmant de Titus : « Il faut « que personne ne sorte mécontent de l'audience du « prince[1]. » Les ministres ne sont pas des princes, et en 1847, si je ne me trompe, ils n'étaient même pas des Excellences; — mais il ne tient qu'à eux, dans tous les temps, d'être sur ce point des Titus, et de mettre en usage sa maxime. Sapey avait tout ce qu'il fallait pour faire patienter les ambitions exigeantes, calmer les vanités meurtries, mêler aux reproches officiels des encouragements, et consoler par sa bienveillance les gens qu'il était contraint d'affliger par sa fermeté. Dans la mesure discrète de son influence, c'était un de ces hommes qui semblent nés tout exprès pour rendre aimable le pouvoir quand ils le veulent servir; et il complétait ainsi très-heureusement le chef habile qui avait eu la sagacité de se l'attacher. Il

---

1. Non oportet quemquam a sermone principis tristem discedere.

(Suétone.)

adoucissait ce qu'avait d'un peu âpre, dit-on, dans son abord, l'homme éminent qui gouvernait alors la magistrature d'une main ferme et juste, avec l'autorité d'un grand talent et d'un vigoureux caractère.

Bientôt, la révolution qui renversa la royauté fondée en 1830 emporta comme un grain de poussière la fortune légère et les grandeurs naissantes du jeune magistrat. Sapey revint au milieu de nous, inquiet, humilié, triste au spectacle de tant de ruines. Il voyait avec douleur tomber le gouvernement qu'il servait et qu'il aimait, des institutions viriles qui suffisaient à la liberté, et un prince longtemps habile, dont les vertus privées égalaient à ses yeux le patriotisme sincère. Enfin, dans tout le cours de ses chères études dont le souvenir lui revenait sans cesse, il avait vu grandir avec lui les fils du roi, qui par la communauté de l'éducation et des idées, par leurs talents, leur courage et leur tournure d'esprit toute française, étaient vraiment alors les princes de la jeunesse. Sa raison et son cœur souffraient également ; mais il n'était pas découragé pour lui-même. Ses fonctions perdues, son avenir et sa fortune menacés, n'étaient que de petits accidents au milieu des malheurs de la patrie. « Les regrets particuliers, écrivait-il, doivent « se perdre et s'effacer dans l'inquiétude générale, et « pour chacun de nous la perte de sa carrière doit « être peu de chose au milieu des événements qui

« compromettent toutes les existences. Pour moi,
« lorsque j'aurai pris un repos qui m'est nécessaire
« après une année bien occupée, et surtout après des
« commotions si vives, je me ferai inscrire au tableau
« des avocats, et je reprendrai, s'il plaît à Dieu, et si
« les événements m'en laissent le cœur, ces petits
« travaux paisibles, ces études solitaires qui ne sont
« plus guère de ce siècle, mais qui conviennent à mon
« caractère et à la mélancolie de mon âme[1]... »

Sapey se tint parole à lui-même. Dans ces temps
de troubles, le Palais était souvent désert, et les
affaires nous laissaient de tristes loisirs. Tout en
plaidant un peu, il reprit la plume; il continua, en
remontant le cours de notre histoire, des travaux
commencés de longue main; et plongé dans une solitude laborieuse, il demanda au passé la distraction et
la consolation du présent.

Ce qu'il voyait autour de lui n'avait rien qui pût
calmer sa *mélancolie*. Après des alternatives de luttes
sanglantes et d'agitations ruineuses, interrompues
pendant quelques mois par une loyale dictature, la
république née depuis un an à peine penchait visi-
blement vers quelque crise mortelle. Ce n'était pas la
première fois que la nation traversait une de ces
épreuves périlleuses, et les études que Sapey pour-
suivait alors devaient lui faire envisager sans trop

1. Lettre à M. Marie, 22 mars 1848.

d'étonnement cet épisode nouveau de nos tragiques aventures. Cependant, pour lui comme pour beaucoup d'autres, ce n'étaient plus là des commotions politiques ; ce n'étaient plus des idées, mais des appétits qui faisaient le fond et le dessous de cette révolution ; pour en trouver dans le passé quelque image, il lui semblait qu'il fallût redescendre jusqu'aux convoitises sauvages qui précipitaient les Barbares sur le monde romain. A ses yeux c'était la civilisation elle-même qui périssait, et il n'espérait pas que la France vieillie fût d'âge ni de force à la sauver avec les seules ressources de la raison et de la liberté.

« Si la main de Dieu ne nous arrête sur la pente
« de l'abîme, écrit-il au mois de mai 1849, combien
« faut-il encore de temps pour que nous y tombions
« complétement? Un esprit de vertige s'est emparé
« de ce malheureux pays, et le pousse fatalement à
« sa ruine... Le socialisme a fait d'effrayants progrès,
« et je crains bien que ce peuple insensé ne puisse
« être guéri de son délire qu'après avoir mis à
« l'épreuve ces doctrines désolantes qui ne laisseront
« que des ruines après elles. Quand toutes les digues
« sont rompues, qui peut arrêter le torrent? Et les
« digues peuvent-elles être réparées par les mains
« qui les ont brisées [1]? »

Quand elle s'arrête sur notre vieux monde pour

1. Lettre à M. Marie, 24 mai 1849.

le perdre ou pour le sauver, « la main de Dieu, »
que l'âme religieuse de Sapey entrevoyait au-dessus
de l'abîme, ne se manifeste plus par des signes aussi
clairs qu'autrefois. Il est permis de ne pas la reconnaître toujours à ses premiers coups; et les passions
des hommes semblent tenir une grande place dans
les changements qu'elle accomplit. Un an après,
il était facile de voir quelle serait la main mortelle qui fermerait au moins pour un temps « ces
« digues brisées, qui relèverait ces ruines; » et dans
les événements politiques qui se développèrent alors
sous ses yeux, Sapey crut démêler assez distinctement
pour s'y soumettre les desseins cachés de la Provi-
dence.

L'un des torts graves de la révolution de Février
avait été de prétendre au pouvoir sans être prête à
l'exercer, de trouver assez peu de ressources en elle-
même, et, sauf des exceptions éclatantes, de n'être
guère bien servie que par des hommes qui n'étaient
pas de sa famille. République ou monarchie, sous
tous les régimes et dans tous les temps, il faut à la
magistrature des hommes doués de ce sens particulier
de la justice, beaucoup plus rare qu'on ne le pense,
qui va souvent avec le talent, mais que le talent
seul ne remplace pas. Dans les premiers jours, les
rangs du parquet avaient fourni aux nécessités, aux
convenances ou aux revanches de la république,
des victimes nombreuses et choisies. Mais une fois la

première rancune soulagée et les ambitions les plus intraitables satisfaites, il se trouva que si les places étaient toutes occupées, elles n'étaient pas toutes remplies; et il fallut bien redemander au passé des magistrats qui ne fussent pas seulement d'anciens amis de la maison.

On fit à Sapey des avances honorables. Il s'y refusa, tant qu'il pensa que la transformation politique du pays amènerait dans l'organisation de la justice de profonds changements. Mais dès qu'il cessa de le craindre, dès qu'il reconnut que l'exercice des fonctions publiques ne demandait plus que du talent et du courage, il accepta celles qu'il lui étaient offertes, et. en 1850, il fut nommé substitut à Versailles. Peu de temps après, il épousa une femme digne de lui, et en s'alliant à une famille honorable, sans s'éloigner de sa mère et de sa sœur bien-aimées, il trouva ce bonheur intime qu'il méritait si bien, et que la mort a sitôt brisé.

Poussé par son mérite, par ses services, par des succès d'audience qui commençaient à signaler son nom au public, Sapey devait avancer rapidement. En 1852, il était nommé substitut au tribunal de la Seine, et bientôt après appelé à la première chambre, c'est-à-dire sur la scène la plus brillante et la plus dangereuse qui puisse effrayer le zèle d'un magistrat ou tenter son ambition.

La première chambre est à peu près pour le

tribunal ce qu'était pour le parlement la grand'-
chambre. C'est là que se plaident les grandes affaires,
celles que leur importance, ou quelque autre intérêt
puissant, recommandent de plus près à l'attention du
juge. C'est là aussi que viennent le prendre à l'im-
proviste ces brusques incidents nés à toute heure du
mouvement rapide et des hasards compliqués de la vie.
Grands procès, difficultés de pratique, mesures d'ur-
gence, il faut que l'organe du ministère public soit
prêt, sur tout, à toute heure. Une science sûre, un
coup d'œil prompt, le sens juste des affaires, un
esprit qui puisse descendre et s'élever sans effort,
toucher d'un côté à la procédure, de l'autre à l'éloquence : telles sont les qualités diverses, souvent
contraires, qu'il y doit montrer; tout le mérite d'un
avocat qui en aurait beaucoup, avec une difficulté de
plus,—prendre un parti sur l'heure et choisir sa cause
à l'instant.

Pour un esprit curieux et lettré comme celui de
Sapey, la barre de la première chambre présentait, à
cette époque, un spectacle digne d'attention. La
révolution du deux décembre, qui ne se piquait pas de
ressembler à d'autres, avait rendu au Palais plus
d'avocats qu'elle ne lui en avait empruntés. Chaque
jour on voyait revenir les réfugiés de la politique,
des confrères qui, sortis de nos rangs, y rentraient
avec une satisfaction plus ou moins sincère, nous
apportant dans les plis de leur robe, avec quelques

formules de bienséance parlementaire assez nouvelles parmi nous, une éloquence agrandie par les luttes de la tribune, et des exemples magnifiques de ce que gagne la parole de l'homme quand elle se mêle aux orages de la liberté.

On voyait arriver aussi peu à peu ces hommes distingués que le suffrage universel avait été chercher naguère à la tête des barreaux de province pour les jeter dans les assemblées républicaines, et qui maintenant, dépaysés par une assez longue absence, sachant bien à quoi s'en tenir sur les retours de la faveur populaire, et très-peu sûrs de retrouver dans les électeurs de la veille les clients du lendemain, venaient tenter de conquérir au barreau de Paris une place qu'ils n'étaient pas certains de reprendre ailleurs. Ce n'étaient pas précisément pour nous des étrangers, mais comme des *Latins* qui venaient demander à Rome leur droit de cité. Beaucoup d'entre eux apportaient parmi nous des habitudes différentes des nôtres, de très-fortes études juridiques, une intelligence merveilleuse des affaires, des talents fortement trempés, frottés de procédure et de coutumes, enfin une éloquence robuste et sûre d'elle-même, qu'une grande célébrité de terroir et l'admiration patriotique du prétoire natal encourageait à quelque prolixité. Çà et là, on entendait des idiotismes indigènes qui tranchaient au vif sur le fond un peu terne et banal des élégances parisiennes.

— ce que Cicéron aurait appelé *infusa peregrinitas*. Le flot est passé maintenant, et il n'en est resté que le meilleur, cette alluvion bienfaisante qui rajeunit et fertilise les vieilles terres. Mais alors on pouvait craindre que cette irruption provinciale ne laissât chez nous une trop forte empreinte ; et au milieu de ces courants confus par lesquels notre vieille langue judiciaire semblait remonter vers ses sources vives et ses affluents généreux, Sapey avec sa parole toujours pure, sa diction un peu étudiée et son style académique, représentait bien la règle, la mesure, l'harmonie, la langue française enfin, polie par les siècles, arrivée à sa perfection, et par ses raffinements mêmes faisant songer de loin à la décadence.

En 1856, il entra comme substitut au parquet de la cour. C'est là que pendant six années, — hélas! les dernières années de sa jeunesse et de sa vie, — nous l'avons entendu presque chaque jour, chaque jour supérieur à lui-même, chaque jour faisant quelque conquête nouvelle sur son talent, quelque progrès tranquille dans l'admiration affectueuse de la magistrature et du barreau.

Au tribunal, il avait traversé vaillamment le courant tumultueux des affaires, qui devait parfois l'étourdir un peu. A la cour, il respirait plus à l'aise; il voyait de plus haut et de plus loin. Sur ce grave et vaste théâtre, son mérite pouvait se développer tout

entier, et nul ne concourut avec plus d'ardeur à cette
œuvre difficile et quelquefois méconnue que la cour
de Paris accomplit.

Il se peut qu'ailleurs le droit français garde plus
vive l'empreinte de ses vieilles origines; que dans
quelques contrées, la tradition, les mœurs, les préjugés même des populations qui les entourent, fas-
sent descendre plus avant dans la conscience des
magistrats l'antique génie des Pandectes ou des coutumes. Il se peut que la solitude et les loisirs silen-
cieux de la vie de province prêtent à leurs méditations
quelque chose de plus austère, et à leurs arrêts un
plus grand air d'autorité. Mais à Paris, les nécessités
et les devoirs de la justice ne sont pas les mêmes. Elle
n'a plus seulement à juger ce fonds éternel d'inévitables querelles qu'enfantent les passions immuables
des hommes. Placée au cœur de la France, dans ce
foyer de vie et de lumière que mille causes diverses,
que les désertions mêmes et les défaillances dange-
reuses de nos provinces agrandissent tous les jours,
la cour de Paris doit, sans relâche, à travers un dédale
de lois hâtives et confuses qui laissent à la sagacité
du juge une redoutable liberté, *dire le droit* sur une
multitude de questions neuves, inconnues autrefois,
qui aujourd'hui ne naissent qu'auprès d'elle, et jusqu'à présent ne sollicitent guère que d'elle des arrêts.

Sapey, malgré ses pieux retours vers la tradition
et vers le passé, comprenait mieux que personne ces

nécessités; et par des réquisitoires pleins de science, d'élévation et d'heureux mouvements, il a préparé plus d'une fois cette jurisprudence large, libérale, humaine, pour laquelle la cour de Paris a droit à la reconnaissance du pays tout entier[1].

Il improvisait sans effort, sur un fonds très-solide de connaissances abondantes, avec toutes les ressources que donnent l'habitude et le goût d'écrire. Sa parole était si élégante que quelquefois elle l'était un peu trop peut-être, et qu'à de certains endroits les anciens se prenaient à sourire en croyant entendre encore le spirituel M. Berville. Son débit était caressant, pathétique, inclinant par instant à l'homélie : « Voilà Sapey qui prêche, » disions-nous tout bas. — Mais il avait ces qualités oratoires que dans un magistrat rien ne remplace et qui sont sa vraie éloquence, la dignité sans dédain, l'élévation sans emphase, l'accent profondément honnête, et sans le feu de la passion, la chaleur d'une émotion vive.

Sapey n'a été chargé, je crois, d'aucun procès politique, et je doute qu'il l'ait jamais regretté. Il y aurait apporté cette indépendance calme et simple, qu'il serait malséant de louer chez un tel homme, et

---

1. « Sapey avait surtout un mérite bien précieux pour ses collabora-
« teurs. Il ne se contentait pas de traiter les questions qui convenaient le
« mieux à l'élévation de son esprit : il savait s'abaisser jusqu'aux moin-
« dres détails, et rien ne lui paraissait à dédaigner pour accomplir l'œuvre
« de la justice. » (Lettre de M. le président Cazenave, 7 décembre 1865.)

qui n'était que le tempérament lui-même de son âme.
Mais il y avait des affaires qui, si je puis ainsi parler,
n'étaient pas bien dans sa voix, et qui, en la forçant,
lui auraient fait perdre quelque chose de sa justesse
et de son charme :

« Il était né d'une fort doulce nature, et quasi non
« susceptible de passions, de sorte que s'il eust entre-
« pris une grande et véhémente action, ou s'il eust
« fallu déployer les maîtresses voiles de l'éloquence,
« j'ay opinion qu'il ne lui eust pas réussi[1]. » En em-
pruntant à Sapey lui-même ce trait que Guillaume
Duvair applique à l'un des esprits les plus brillants
du xvie siècle, j'espère ne rien laisser entendre qui
puisse paraître blessant pour sa mémoire.

Il approchait de quarante ans. Il arrivait ainsi à
ces années fécondes où commence seulement, pour
les natures délicates et défiantes d'elles-mêmes, la
pleine maturité de la vie. Par un rapprochement qu'il
a dû faire, c'est à l'âge où son cher Jean-Jacques
publiait ses premiers écrits, que lui-même, pour
la première fois, il donnait à ses travaux littéraires
une direction sérieuse et suivie. Tout l'y conviait d'ailleurs, et en voyant autour de lui, dans les rangs du
parquet ou sur les siéges de la cour, tant d'émules
distingués partagés entre le soin des affaires et l'étude

1. Portrait du président Brisson. Voir l'*Étude de Sapey* sur Guillaume
Duvair, p. 170.

des lettres, il devait croire plus fermement que jamais à cette bienheureuse *alliance* qu'avait rêvée sa jeunesse.

Plus de dix années auparavant, il avait publié une notice sur Guillaume Duvair; il la refit complétement pour la rattacher à une série de travaux dont il avait conçu le projet, et qu'il aurait appelée : « l'histoire des parlementaires [1]. »

Le sujet qu'il avait choisi était à plus d'un titre digne d'étude. Tour à tour conseiller au parlement de Paris pendant la Ligue, premier président du parlement de Provence et ambassadeur sous Henri IV, deux fois garde des sceaux sous Louis XIII, prêtre tout juste assez pour devenir évêque et pour passer commodément dans une abbaye les intervalles de ses grandeurs, Duvair fut un citoyen courageux, un grand magistrat, un écrivain de premier ordre, et un ministre médiocre. Pendant la Ligue, après quelques hésitations faciles à justifier, il joua sa vie dans les carrefours de Paris avec cette intrépidité bourgeoise que les hommes de notre temps doivent avoir appris à respecter. Au Palais, bravant la fureur de Mayenne sur les bancs mêmes d'où la populace avait arraché naguère Brisson et Larcher, il tira hardiment de la poudre du greffe, comme une machine de guerre oubliée, notre vieille loi salique qui, ce jour-là, sauva le royaume et fit Henri IV roi de France.

1. *Études biographiques pour servir à l'histoire de l'ancienne magistrature française,* par C.-A. Sapey. Amyot, 1858.

Vingt ans après, Marie de Médicis avait besoin d'un honnête homme sur lequel la France pût reposer ses yeux des scandales florentins de la cour où Concini régnait en maître. Duvair, à son corps défendant, fut nommé garde des sceaux. Mais déjà c'était un homme de l'ancien temps, vêtu à la mode du roi Henri, et attardé dans ce monde nouveau. Il y apportait cet esprit formaliste et cette morale scrupuleuse qui réussit rarement dans le gouvernement des États. Fourvoyé au milieu de ces intrigues sanglantes, il n'eut pas l'audace de sa vertu. Au lieu de se retirer fièrement devant la fortune naissante de Richelieu, il tâtonna, se fit renvoyer et se laissa reprendre. Autant qu'on en peut juger à cette distance, c'était un de ces hommes honnêtes qu'un politique habile prend avec lui pour masquer de leur bonne renommée ses projets suspects, qu'il ménage jusqu'à la veille d'un coup d'État, et qu'il congédie au point du jour.

Sapey, l'un des premiers, a mis la main, une main intelligente et heureuse, sur des documents inédits qui éclairent cette grave figure. Je suis trop ignorant pour bien parler de ces trouvailles savantes, et pour fixer les rangs entre les érudits qui s'en disputent les prémices. Mais ce qui me paraît appartenir à lui seul, c'est l'honneur d'avoir fait vivre et parler ces vieux témoins. L'histoire, qui a ses injustices ou ses distractions, avait laissé Duvair dans l'oubli. Son nom ne

servait guère qu'à grossir la liste de ces parlementaires et de ces politiques perdus dans le cortége de
Lhospital et de Mathieu Molé, auxquels s'attache un
vague souvenir de patriotisme et de courage, mais que
l'on ne songe.pas à envisager à part et de près. Sapey
a rendu à celui-ci la place que lui assignent ses talents, ses vertus, et la grande part qu'il a prise dans
le salut de la patrie. Il l'a mis dans son vrai jour, il
l'a jugé sans complaisance, il l'a loué sans excès, avec
cette précision de détails, cette abondance de rensei-
gnements, cette passion d'exactitude et de certitude
qui est le caractère et l'honneur de la critique de
notre temps. Au mâle contact de l'histoire, à la lecture de ces vieux manuscrits, son style devient plus
ferme et plus simple. Il y reste bien, par endroits,
certaines élégances convenues, des phrases balancées
avec trop d'art, quelques-uns de ces parallèles symé-
triques où se complaisait au siècle dernier l'éloquence
académique de Thomas ; mais ce sont là des taches
légères, qui n'altèrent pas sensiblement la couleur
sévère du tableau.

A mes yeux, la partie vraiment neuve et supérieure
de cet écrit, c'est celle où, quittant le magistrat et
le ministre, Sapey étudie dans Guillaume Duvair le
philosophe, l'orateur, l'écrivain, et du même coup
« cette littérature des parlementaires, à la fois austère
« et enjouée, profondément empreinte de l'esprit fran—
« çais, à laquelle sans doute a manqué le génie, mais

« non pas la dignité ni la grâce[1]. » On le voit, mûri par l'âge et par l'étude, Sapey ne s'en tient plus à des banalités juvéniles sur l'alliance des lettres et du barreau ; et en indiquant par un mot juste ce qui manque à ces nobles esprits, il fait voir lui-même ce qu'il y avait de trop dans les louanges qu'il leur donnait autrefois.

Une étude sur Antoine Lemaistre suit la biographie de Guillaume Duvair[2]. Mais les dates et l'ordre des temps rapprochent seuls ces deux existences ; il serait difficile, en effet, d'imaginer deux natures et deux destinées plus différentes.

Lemaistre, né dans l'une des plus vieilles familles de la bourgeoisie de Paris, était le petit-fils d'Antoine Arnaud qui, sous Henri IV, passait pour le plus célèbre avocat du royaume. Il appartenait ainsi à cette race étrange et forte des Arnaud qui, pendant plus d'un siècle, a eu sa place à part dans notre histoire, ou plutôt qui a eu elle-même, comme une nation, son histoire, ses mœurs, sa langue, son génie et sa foi.

1. *Étude sur G. Duvair.*

2. Ces deux ouvrages ont inspiré à M. le conseiller O. Pinard un des chapitres les plus ingénieux de son beau livre, *le Barreau au* XIXe *siècle*. Voir aussi sur ces ouvrages de Sapey, un article de M. Ch. Jourdain, *Revue contemporaine* du 31 juillet 1858, et un article de M. Léon Feugère, *Revue encyclopédique,* avril 1847.

Avant la naissance de Lemaistre, ses tantes Angélique et Agnès avaient pris le voile dans l'antique couvent de Port-Royal des Champs. Quelques années après, son aïeule et sa mère les y allèrent rejoindre. Quatre femmes ouvrirent ainsi cette marche pieuse et bizarre qui bientôt entraîna la famille tout entière, et plus tard cette foule de pénitents illustres et de belles pécheresses qui venaient offrir à Dieu les restes de leur gloire, de leur ambition ou de leurs amours.

A vingt ans, Lemaistre était avocat, et dès son début il n'avait plus de rivaux.

A vingt-neuf ans sa gloire était à son comble. Quand il plaidait, les courtisans se pressaient à la grand'chambre, et le soir, l'hôtel de Rambouillet retentissait de ses louanges. Le chancelier Séguier lui envoyait des brevets d'avocat général et de conseiller d'État ; et « le grand Balzac, dont les lettres dispen- « saient la renommée, le comparait à Périclès[1]. »

Jeune, riche, célèbre, il ne lui manquait plus que d'être heureux. Il voulut épouser une jeune fille sage et de bonne maison. Dans une autre famille, personne n'aurait vu là, sans doute, une témérité scandaleuse; mais chez les Arnaud, c'était différent. A qui Lemaistre pouvait-il confier son dessein ? Son aïeul était mort ; son père était un homme vulgaire, vivant seul, vicieux, et, qui pis est, hérétique. Sa famille, c'étaient

1. Sapey. *Étude sur Lemaistre.*

son aïeule, sa mère, ses tantes, tout Port-Royal enfin.

« Mais Port-Royal était devenu de plus en plus austère.
« La doctrine impitoyable du jansénisme s'y était ré-
« fugiée comme dans une forteresse. Dans ces lieux
« où avait passé en souriant la douce et vénérable
« image de François de Sales, apparaissait alors la
« sombre figure de Saint-Cyran. Quand Lemaistre était
« admis à la grille du parloir, on ne faisait retentir
« que des paroles de pénitence à ses oreilles encore
« remplies des applaudissements du monde ; chaque
« fois que le récit d'un de ses succès pénétrait les
« murs du cloître, un concert de prières s'élevait au
« ciel pour cette âme en péril[1]. »

Lemaistre se décide pourtant à découvrir son projet. Parmi toutes ces femmes saintement endurcies,
il cherche la moins farouche ; il écrit à la mère Agnès
et lui ouvre son cœur. On connaît la réponse, cette
lettre célèbre citée tant de fois :

« Mon très-cher neveu, ce sera la dernière fois que
« je me servirai de ce titre : autant que vous m'avez
« été cher, vous me serez indifférent, n'y ayant plus
« de reprise en vous pour y fonder une amitié qui soit
« singulière. Je vous aimerai dans la charité chré-
« tienne, mais universelle, et comme vous serez dans
« une condition fort commune, je serai pour vous aussi
« dans une affection fort ordinaire. Vous voulez deve-

____
1. Sapey, *Étude sur Lemaistre.*

« nir esclave, et après cela rester roi dans mon cœur;
« cela n'est pas possible [1]. »

A cette dure réponse, Lemaistre hésite ; il insiste,
il raisonne, il supplie ; mais son éloquence mondaine
se brise contre ces volontés inflexibles, contre cette
ténacité de femme et de moine. Alors les enseignements,
les exemples, les terreurs de sa pieuse enfance le
viennent assaillir ; le vertige le prend à son tour, et
il se sent emporté dans cette folie des Arnaud qui, à
travers les siècles, fait revivre en ces âmes ardentes
la sainte folie de la croix. Un hasard, que plus tard il
appellera un miracle, le met, au chevet d'un lit de
mort, face à face avec Saint-Cyran. D'un regard il est
vaincu ; mais du moins le voilà tranquille. Lente-
ment, simplement, sans que rien trahisse en lui un
effort ou un regret, il met en ordre ses affaires; il
rend au monde les derniers soins que le monde lui
demande, il délie une à une toutes les chaînes qui le
retiennent; puis, libre enfin, à trente ans, il va s'en-
sevelir dans la solitude pour expier par des pénitences
implacables sa jeunesse innocente, sa pure renommée,
et le scandale de n'avoir été jusque-là qu'un homme
de bien.

Telle est la vie étrange que Sapey a racontée.
Cette fois, il ne s'agissait ni d'une découverte impré-
vue, ni d'une réparation pieuse envers une mémoire

1. Sapey, *Étude sur Lemaistre.*

dédaignée. Port-Royal, ses luttes, sa grandeur et sa
ruine, sont un des épisodes les plus curieux et les
plus connus de l'histoire de l'esprit humain. Jamais
solitaires n'ont fait plus de bruit et n'ont tenu plus
de place dans le monde. De nos jours encore, de
grands écrivains ont porté de ce côté leurs études
ingénieuses et profondes ; et dans le tableau que
M. Sainte-Beuve a tracé de cette communauté célèbre, il a consacré quelques pages à Lemaistre.
Enfin, par une assez piquante rencontre, au moment
même où Sapey terminait son travail, à côté de lui
M. l'avocat général de Vallée publiait un essai sur
l'éloquence judiciaire au xvii° siècle, et faisait d'Antoine Lemaistre le sujet principal de ce brillant écrit.

Je n'ai pas le goût des parallèles littéraires, et celui-ci d'ailleurs aurait pour moi plus d'un danger.
Entre ces écrivains distingués, des deux côtés à la
fois une vieille amitié pourrait gêner ma franchise ; ou
plutôt, à dire vrai, j'aurais peur que le souvenir de
celui des deux qui n'est plus ne m'entraînât à quelque partialité pieuse pour sa mémoire. Dans les
deux ouvrages d'ailleurs, presque tout diffère, la pensée, le but et la forme. Ce que M. de Vallée étudie
surtout chez Lemaistre, c'est l'éloquence d'un temps
dans lequel il a lui-même beaucoup vécu, d'où il semble arrivé depuis peu, et où il retourne souvent. Orateur éminent, pour juger Lemaistre, il l'écoute plutôt qu'il ne le lit. Sous l'emphase du style et à travers

de sensibles défauts, il retrouve aisément l'émotion de la parole vivante. Il est vraiment à l'audience, entre Balzac et Voiture; comme eux, il se laisse toucher; il admire, il applaudit avec eux. Il leur répète un beau passage de la plaidoirie en sortant de la lanterne de la grand'chambre. Et plus tard, quand il vient à parler de Port-Royal et des atroces austérités de Lemaistre, il le fait encore comme un lettré de ce temps-là qui nous raconterait ses souvenirs, — dans le style héroïque du *Cid*, avec cette ampleur cornélienne qui répand sur tout un air de gloire.

Ce qui attire Sapey, au contraire, et ce qui le retient auprès de Lemaistre, c'est bien moins sa parole que son silence. Il essaye, de bonne foi, d'admirer ces plaidoyers tant vantés. Il se dit tout ce qu'il se faut dire sur les mécomptes inévitables de la parole et sur ce qu'en emporte le temps. Il se répète que nous-mêmes, quand nous cherchons le lendemain, dans les plaidoiries de nos maîtres, les émotions qui la veille nous charmaient à les entendre, c'est à peine si nous en pouvons ressaisir quelques traces. Mais on voit bien que ses efforts sont inutiles. Chaque fois qu'il revient à ces vieux discours, le goût délicat du littérateur arrête sur ses lèvres la louange. Racine a passé par là avec les *Plaideurs*, et dans la mémoire inexorable de Sapey, les rimes moqueuses de Petit-Jean achèvent malgré lui les périodes solennelles de Lemaistre.

Avec le solitaire et le pénitent, il se sent plus à l'aise; non pas que son esprit modéré comprenne sans effort cette abdication soudaine des succès les plus légitimes, et cette furie de pénitence qui s'empare tout à coup d'une âme innocente. Il y a là une bizarrerie mystique, une intempérance de sainteté qui inquiète à bon droit sa raison. Mais il en parle avec simplicité et avec respect. Après M. Sainte-Beuve, après M. de Vallée, après tant d'autres, et sans ressembler à personne, il nous intéresse encore à Lemaistre et à ses austères compagnons. Il les comprend et les dépeint mieux peut-être, parce que son caractère et sa foi les unissent à lui par des affinités plus intimes et comme par une entente plus familière.

Port-Royal, à ses yeux, n'est pas seulement une Thébaïde paisible où, dans ces temps de troubles, le dégoût et l'ennui de vivre jettent des intelligences rêveuses et des âmes tendres. C'est la dernière des *places de sûreté* où, fuyant la main pesante de Richelieu, l'esprit du XVIe siècle est venu chercher un asile. C'est cet esprit de libre examen, d'opposition et de réforme qui prête au sombre Saint-Cyran je ne sais quel air de famille avec Calvin; c'est lui qui mène jusqu'à l'hérésie la foi raisonneuse et le génie querelleur du grand Arnaud; c'est lui qui jaillit en traits immortels sous la plume de Pascal. Lemaistre luimême, abîmé dans sa pénitence, relève parfois la tête à ce souffle de liberté. Le cardinal, qui n'aimait pas les petites Églises et qui venait de faire cesser comme l'on sait les extases des religieuses de Loudun, envoie un jour à Port-Royal Laubardemont. « Vous avez des « visions? » dit-il à Lemaistre d'un air de compassion sinistre. « Oui-da, monsieur, répond l'ermite : quand « j'ouvre cette fenêtre, je vois le village de Vaumu- « rier; et quand j'ouvre celle-ci, je vois celui de « Saint-Lambert[1]... » ·

Sapey a bien senti, bien décrit cette vie intérieure de Port-Royal, et les feux mal éteints qui couvaient sous cette cendre. Quoiqu'il s'en défende, il écrit un peu cette histoire avec la ferveur d'un moine qui écrit l'histoire de son couvent. Quiconque y touchera dé- sormais devra beaucoup à ses ingénieuses recherches. Dans cet ouvrage, enfin, il se dégage de plus en plus des réminiscences de style, des phrases toutes faites qui encombraient sa mémoire et pesaient quelquefois sur son talent. Il sent ce qu'il vaut, ce qu'il peut de son chef, et en maint endroit il se décide à être lui- même, c'est-à-dire un très-bon écrivain, à sa façon et pour son compte[2].

En 1862, Sapey fut chargé par M. le procureur général Chaix d'Est-Ange de prononcer le discours d'usage à l'audience de rentrée de la cour.

1. Sapey, *Étude sur Lemaistre.* — De Vallée, *Éloquence au* xviie *siècle.*
2. Sapey venait d'être nommé avocat général.

Il y a parmi nous des esprits impatients, des fan-
farons d'activité qui croient tout perdu si l'on dérobe
une heure aux procès pour penser à la Justice, et
pour qui ces harangues solennelles sont une insup-
portable souffrance. Quant à moi, je le confesse sans
détours, j'aime cette littérature de tradition, un peu
cérémonieuse et toute française. L'esprit de l'homme
est oublieux. L'habitude de juger et de voir juger
chaque jour peut affaiblir à la longue, dans les consciences les plus honnêtes, le sentiment absolu de la
justice. Il est bon de revenir quelquefois à cet idéal
austère, et d'en remettre sous nos yeux la parfaite
image. Rappeler à la magistrature et au barreau leur
histoire, les exemples qu'ils ont reçus et ceux qu'ils
doivent laisser, recommander aux juges l'humanité,
la modération et l'indépendance, aux avocats la pru-
dence et la dignité, ce ne sont en aucun temps, même
dans le nôtre, des discours inutiles, et ils ne sont
guère importuns qu'à ceux qui auraient le plus souvent besoin de les entendre.

On reproche quelquefois à ces harangues difficiles
une hauteur de pensée trop soutenue, une élégance un
peu tendue et une certaine recherche de style. On a
souvent raison; mais soyons justes. Au Palais, nous
sommes exposés chaque jour à commettre contre la
vieille langue maternelle de trop sensibles offenses,
pour ne pas souffrir du moins qu'une fois l'an on lui
offre chez nous, avec quelque pompe, une réparation

publique pour le passé, et une amende honorable pour
l'avenir.

Sapey pouvait, mieux que personne, donner de ce
côté le conseil et l'exemple ; mais il avait à craindre
un danger que des hommes de grand talent n'ont pas
toujours évité, et auquel son esprit bienveillant l'expo-
sait plus que tout autre : c'était de faire entendre à ses
auditeurs plus de compliments que de leçons.

Il se tira d'affaire comme on le fait souvent, en tra-
çant le portrait de quelques grands magistrats d'autrefois, et en laissant à ceux d'aujourd'hui la liberté de s'y
reconnaître. Il détacha quelques pages de ses travaux
commencés ; et comme il avait écrit la vie de Duvair
et de Lemaistre, il raconta l'histoire des Séguier. Plus
tard sans doute il aurait développé cette étude, en la
dégageant de la forme et des convenances étroites
d'un discours officiel. Mais tel qu'il est, le discours est
excellent, l'un des meilleurs qu'ait produits la littérature solennelle des mercuriales, et l'un de ceux qu'elle
peut citer avec orgueil pour sa défense.

Je regrette que dans ce livre d'or d'une noble famille
judiciaire, Sapey n'ait consacré que quelques lignes
un peu vagues au premier président Séguier, que
notre génération a connu, et devant qui, dans sa jeunesse, il avait quelquefois plaidé. Il aurait été curieux
d'entendre le doux orateur parler de ce magistrat im-
pétueux, dans cette chambre même où il a siégé si
longtemps, où ni la science, ni le talent, ni la fine

gravité de ses illustres successeurs, n'ont pu le faire
oublier tout à fait, et où il était si vivant, que son
ombre inquiète semble encore de temps en temps y
revenir en murmurant des arrêts. C'était un portrait
qui, à cette place, avait ses dangers, mais qui devait
tenter le talent d'un peintre si habile. Sapey avait la
main assez délicate pour le bien faire; il est fâcheux
qu'il n'ait pas eu l'esprit assez résolu pour l'entre-
prendre.

J'en dirai autant de la notice sur le président Debelleyme, qu'il a publiée peu de temps après. La sûreté de
main, la sobriété, la concision, avec lesquelles elle est
écrite vont bien à l'histoire de ce magistrat actif qu'on
a pu appeler un jour, avec une heureuse hardiesse, le
Dictateur des référés. Sapey nous montre, tel que nous
l'avons connu, l'homme du monde, l'homme d'esprit,
l'homme de talent et l'administrateur sans rival. Mais
pour le Palais, il aurait fallu quelque chose de plus.
M. Debelleyme, à l'audience, valait la peine d'être
observé de près et jugé avec soin. Il a été le chef d'une
école expéditive qui pourrait faire courir à la justice
de grands dangers, si les disciples venaient un jour à
ne point avoir la sagacité rapide et le génie des affaires
qui étaient l'excuse du maître. C'était, à sa manière, un
président Séguier très-supérieur et très-maître de lui,
poli, aimable, n'interrompant jamais avec humeur les
plaidoiries, mais demandant grâce d'un air si spirituel, avec un geste si rassurant et un sourire si plein

de promesses, qu'il eût été vraiment inhumain d'y résister. Il adressait aux deux avocats tour à tour des signes d'intelligence si obligeants, que, se voyant compris à demi-mot, ils s'asseyaient à moitié route, et que, par une illusion bien agréable, le procès semblait gagné certainement des deux côtés à la fois... le lendemain on en avait toute la surprise.

Pourquoi Sapey n'a-t-il pas relevé ces traits si connus, avec la grâce et la nouveauté qu'il y aurait su mettre? Pour les mieux faire ressortir, il aurait trouvé assez aisément un contraste que lui seul peut-être pouvait indiquer, sans paraître blesser ni flatter personne. Il n'avait qu'à peindre, d'inspiration ou de souvenir, un magistrat qui, très-prompt à tout comprendre, se ferait cependant une loi de tout écouter, et qui, sorti des premiers rangs du barreau pour occuper le siége de M. Debelleyme, semblerait se rappeler sans cesse le temps où il avait l'honneur difficile de plaider devant lui.

Mais je cherche des défauts dans les ouvrages de Sapey, quelques taches légères dans son talent, quand je ne devrais songer qu'à louer sa force d'esprit et son courage. La notice sur M. Debelleyme est le dernier écrit qui soit tombé de sa plume; en l'achevant, il luttait déjà contre le mal qui devait quelques mois après l'emporter. C'était une faiblesse incurable, une langueur mortelle à laquelle se mêlaient d'insupportables souffrances. Bien que Dieu lui eût mesuré d'une main paternelle les fatigues et les épreuves de ce monde; bien qu'il n'eût connu ni les soucis vulgaires qui usent le cœur, ni les passions violentes qui le déchirent, le seul effort de vivre avait épuisé sa frêle nature. Chaque jour on voyait empreinte plus profondément sur ses traits cette mélancolie prophétique des hommes qui doivent mourir avant le temps. Mais la flamme voilée qui veillait dans ce corps fragile résistait à toutes les secousses. Il alla jusqu'au bout de ses forces, toujours luttant, espérant toujours, donnant au devoir chacune des courtes trêves que la mort semblait lui laisser. Il ne la croyait pas d'ailleurs si près de lui; et quand des avertissements pieux lui firent comprendre que son heure était venue, il s'étonna « *que ce fût sitôt.* » Puis, avec sa coutumière douceur, il régla ses derniers instants comme il avait réglé toute sa vie. Il ne brava pas la mort avec la dure intrépidité du philosophe qui soutient contre la destinée son orgueilleuse gageure. Il l'accueillit avec cette tristesse tranquille, mêlée d'espérance et de crainte, qui, dans ce grand adieu, suffit à la dignité de l'homme et convient mieux à sa faiblesse. Catholique fidèle, il rendit à Dieu son âme pure, fortifiée par les secours et par les promesses de sa foi. Il réunit dans un dernier souvenir ceux qu'il avait ici-bas le plus tendrement aimés; et, laissant tomber sur ce monde qu'il quittait si jeune un regard de regret, il cessa de souffrir et de vivre.

On lira les paroles touchantes que le procureur général Cordoën a prononcées sur sa tombe. En quelques mots pleins d'élévation, et d'une justesse singulière, il a peint ce caractère ferme et doux qu'il était digne de comprendre ; et lorsque peu de mois après il succombait à son tour, entouré d'unanimes respects, ce fut son honneur que dans le portrait qu'il avait tracé de Sapey chacun pût le reconnaître lui-même. Un peu plus tard, dans un discours qui restera parmi nous comme un pieux souvenir, M. Dupré-Lasale a fait couler bien des larmes en parlant avec une exquise tendresse du collègue regretté dont il partageait les goûts, les travaux et les succès, et dont le talent avait avec le sien plus d'un trait de ressemblance fraternelle.

Pour moi, qui viens si longtemps et si loin après eux parler de l'homme excellent qu'ils ont loué, je serais heureux si ces lignes imparfaites pouvaient, quelques instants encore, prolonger au milieu de nous son souvenir. Je l'ai peint comme je l'ai vu, sans exagération, sans flatterie, avec plus de sévérité que d'indulgence, comme il aurait voulu lui-même être jugé, s'il avait pu souffrir la pensée qu'un jour on porterait de lui ce témoignage. Quand on considère, à la distance où nous sommes, cette existence si simple, ce qui s'en dégage et survit, c'est un sentiment général de douceur, de distinction, de bonne grâce; une harmonie fine et tranquille de nuances discrètes. Quelques juges sévères trouvaient dans la sérénité bienveillante de Sapey quelque chose d'un peu banal et comme effacé. Mais au fond il n'en était rien. Ce qu'il y a de banal dans l'homme, ce sont ses engouements passagers, ses vices et ses fautes. Que chacun de nous descende en lui-même... il reconnaîtra ce qui séparait du vulgaire ce talent rebelle aux nouveautés, cette âme absolument exempte d'orgueil, et ce cœur plein de tendresse, que les passions n'ont jamais troublé. Telle fut l'originalité paisible de cette heureuse nature. A vingt ans on peut rêver une vie plus agitée que celle de Charles Sapey, de plus singulières aventures et une célébrité plus bruyante. Mais quand l'âge a dissipé les chimères de la jeunesse, quand on a vu de près les misères serviles de l'ambition, les extases de l'orgueil satisfait, et ce que coûtent ces grandeurs d'un jour dont les petites âmes sont toutes remplies, on se détourne avec respect vers ces hommes intelligents et modestes pour lesquels les affaires et les honneurs ne sont point toute la vie, qui attendent le succès sans forcer la main à la fortune, et, tenant pour ce qu'elles valent ses faveurs, ont au dedans d'eux-mêmes des retraites impénétrables à ses caprices. Le vulgaire les dédaigne parfois et les raille. Il les appelle, suivant les temps, des philosophes, des

réveurs, quelquefois même des poëtes. La conscience
publique les appelle des hommes de bien, et il n'est
pas rare que, par un juste retour, elle achève après
leur mort ce qui, de leur vivant, manquait encore à
leur renommée.

Edmond ROUSSE.

Avril 1866.

DISCOURS

PRONONCÉ PAR M. CORDOËN, PROCUREUR GÉNÉRAL

SUR LA TOMBE

DE M. L'AVOCAT GÉNÉRAL SAPEY

LE 29 JUILLET 1863

MESSIEURS,

Une tombe entr'ouverte est un triste et solennel spectacle; il n'est pas un cœur dans lequel il ne réveille de secrètes douleurs, et, au moment où la terre se referme sur une chère et noble dépouille, l'âme la plus insouciante se sent rappelée vers les éternelles vérités et les divines espérances.

Celui que nous conduisons aujourd'hui à sa dernière demeure n'avait point livré sa vie à de vulgaires et de frivoles jouissances. Il avait placé haut son but, chaque jour l'en rapprochait; les joies de la famille, les satisfactions du travail étaient son unique plaisir; il n'avait d'autre passion que l'accomplissement du devoir, et, quand

Dieu l'a rappelé à lui, il n'avait rien à désavouer en face de la mort.

Quel exemple, Messieurs, pour les plus vieux d'entre nous aussi bien que pour les plus jeunes! Je n'ai point à craindre que vous me reprochiez, en face de cette tombe, l'exagération de la louange, car votre pensée devance la mienne, et je manquerais à un devoir si je n'étais ici l'organe de vos sympathies, de vos émotions et de vos regrets. Charles Sapey réunissait dans un exquis mélange la grâce de l'esprit et les délicatesses du cœur qui attirent et qui charment les hommes, et jamais il n'y eut un plus ferme esprit dans une âme plus douce.

Quand il traçait avec l'élégance qui lui était propre le portrait des grands magistrats d'autrefois, nos modèles et nos maîtres incomparables, il ne soupçonnait guère, dans sa modestie, que bientôt il serait cité lui-même comme le type le plus parfait du magistrat de nos jours. Ardent au travail comme si la nature ne l'avait pas comblé de tous ses dons; donnant à la justice toutes les forces de son intelligence et de son cœur; ne dépouillant sa robe, après avoir payé sa dette de chaque jour, que pour demander à des travaux littéraires le délassement des fatigues du Palais; ne séparant jamais les devoirs de l'homme de ceux du magistrat; réunissant dans le plus heureux et le plus rare équilibre les qualités et les succès du jurisconsulte, de l'orateur et de l'écrivain; toujours prêt et supérieur à toutes les situations, toujours écouté avec sympathie, toujours suivi avec respect et prouvant une fois de plus que la meilleure part de l'éloquence est encore dans la droiture du cœur et la fermeté de la conscience; n'ayant jamais rencontré sur sa route ni une inimitié, ni une jalousie, ni une défiance, tant sa supériorité semblait s'ignorer elle-même, tant il y avait d'harmonie entre sa vie publique et sa vie privée, entre ses actions et ses paroles.

Voilà, Messieurs, quel était l'homme, quel était le magistrat qu'une mort prématurée vient d'enlever, plein de jeunesse, à sa famille, dont il était le charme et l'orgueil, à la magistrature, dont il était la lumière et l'honneur.

Et maintenant, cher collègue, recevez nos adieux : nous devions ce dernier hommage moins à vous qui reposez en paix dans le sein de Dieu, qu'au sentiment de cette estime universelle qui fait la dignité et l'émotion de vos funérailles.

EXTRAIT DU DISCOURS

PRONONCÉ A L'AUDIENCE DE RENTRÉE DE LA COUR IMPÉRIALE

PAR M. DUPRÉ-LASALE, AVOCAT GÉNÉRAL

LE 3 NOVEMBRE 1863

MESSIEURS,

Il y a quelques mois à peine nous était enlevé, dans toute la force de l'âge, dans tout l'éclat du talent, le collègue tant aimé dont je ne pourrai prononcer le nom sans raviver dans vos cœurs cette douleur profonde qu'une voix éloquente exprimait naguère sur sa tombe entr'ouverte. Pourquoi, à cette place où j'étais heureux de m'asseoir à ses côtés, m'était-il réservé de vous rappeler sa vie si noble et si pure, dont j'étais depuis l'enfance le témoin dévoué? Tel j'avais connu Charles Sapey dès le collége, montrant une précoce sagesse, obtenant chaque année toutes les couronnes universitaires, et se faisant pardonner la constance de ses triomphes par son aimable modestie, tel je l'ai retrouvé au stage où l'entourait déjà une jeune renommée. Lauréat de l'École de droit pour son beau Mémoire sur la condition des étrangers en France, secrétaire de la Conférence, d'unanimes suffrages lui décernèrent, en

1843, l'honneur d'y prononcer le discours de rentrée; il parla sur
l'union de la littérature et du barreau, donnant à la fois le précepte
et l'exemple. Le concours et l'élection le désignaient aux fonctions
judiciaires vers lesquelles l'entraînait sa vocation. En 1846, il devint
juge suppléant à Versailles; en 1847, un garde des sceaux qui cherchait le vrai mérite le nomma chef de son cabinet, et bientôt après,
au milieu des troubles d'une révolution, reçut de lui les marques
d'un courageux dévouement. Charles Sapey, qui avait déjà publié
son premier essai sur Duvair, employa les loisirs forcés que lui faisaient les événements à préparer son travail sur Antoine Lemaître.
Tandis qu'il cherchait dans l'étude l'oubli de légitimes préoccupa-
tions, la magistrature, enfin rendue à elle-même, s'empressa de
réclamer une de ses plus belles espérances; substitut à Versailles
en 1850, et à Paris en 1852, il arriva, en 1855, au parquet de la
Cour. Dans cette enceinte, où votre sympathique attention allait
au-devant de ses paroles, je n'ai pas à vous redire ses succès. Il
réunissait dans une parfaite harmonie les dons les plus rares et les
plus divers : le talent d'écrire et le talent de parler, l'imagination
la plus brillante et la raison la plus solide, les grâces de l'esprit le
plus fin et les ressources de l'érudition la plus ingénieuse, enfin,
pour emprunter un trait qui achève de le peindre, *l'intelligence la
plus ferme dans l'âme la plus douce* [1]. En lui, tout respirait l'amour
de la vérité et la passion de la justice; tout révélait la droiture du
caractère et la délicatesse du cœur; tout inspirait une affectueuse
confiance, et jamais les fonctions d'avocat général où l'avait appelé
le vœu du Palais, et qu'il devait occuper si peu de temps, n'ont été
confiées à un magistrat qui sût mieux, à la fois, les faire aimer et
respecter.

Si l'orateur nous est ravi, hélas! l'écrivain nous reste; les lettres
où s'était trempé son talent perpétueront son souvenir; elles ont

---

1. Discours de M. le procureur général Cordoën, prononcé le 29 juillet 1863,
aux obsèques de M. Sapey.

gardé une bonne part de lui-même dans ces pages charmantes où il s'était plu à tracer le portrait des grandes figures parlementaires. Ceux qui liront ses livres [1] comprendront l'étendue de notre perte ; ceux qui ont connu sa personne ne pourront se consoler de ne plus le voir dans nos rangs, où il était l'honneur de sa génération et l'ornement de notre magistrature.....

1. Nous croyons devoir donner ici la liste des écrits de M. Sapey :

1843, *Les Étrangers en France, sous l'ancien et le nouveau droit*, mémoire couronné par la Faculté de droit de Paris ;

1843, *De l'union de la littérature et du barreau*, discours prononcé à l'ouverture de la Conférence des avocats ;

1847, *Essai sur la vie et les ouvrages de Guillaume Duvair ;*

1858, *Études biographiques pour servir à l'histoire de l'ancienne magistrature française ; Guillaume Duvair, Antoine Lemaistre ;*

1860, *Éloge historique de la famille Séguier ;* discours de rentrée à la Cour impériale de Paris ;

1863, *Notice sur M. le président de Belleyme.*

PARIS. — J. CLAYE, IMPRIMEUR, RUE SAINT-BENOIT, 7.